법정스님

글·그림 비타컴 | **펴낸날** 2010년 10월 14일 초판 1쇄 발행 | **펴낸이** 김경희 | **펴낸곳** (주)도서출판 아테나
주소 서울 마포구 서교동 395-166 서교빌딩 601호 | **전화** 02-2268-6042 | **팩스** 02-2268-9422 | **출판등록** 1991년 2월 22일 제 2-1134호
ISBN 978-89-91494-72-5 77990

ⓒ 2010 비타컴　＊저작권자의 동의없이 무단 복제 및 전재를 금합니다. 잘못된 책은 구입처에서 바꾸어 드립니다. 책값은 뒤표지에 있습니다.

무소유를 실천한 위인만화

법정스님

글·그림 비타컴

Introduction
머리말

사람은 아무것도 가지지 않은 채 태어나서
아무 것도 가지지 않은 빈손으로 돌아간다

사람들은 남들보다 조금 더 많은 것을 갖고 싶어서 서로간에 다투고 뺏는 극단적인 태도를 보여왔다. 그만큼 사람들을 가장 강하게 유혹하는 욕망이 소유욕이다.

사람들은 무언가를 소유하면 소유할수록, 자신이 행복해질 것이라고 믿는다. 그렇기 때문에 적게 가지고 있는 사람들은 많이 가지기를 원하고, 심지어 다른 사람들이 보기에 많은 것을 가진 사람도 더 많은 것을 가지고 싶어한다.

과연 소유라는 것은 어떤 것일까. 무엇을 가지고 있지 않을 때는 소유에 대한 유혹이 너무나도 크지만, 막상 소유하고 나면 소유의 굴레 속에서 불안할 수밖에 없는, 사람은 참으로 희한한 존재다.

이제껏 '버리는 것만이 얻는 것이다.' 라는 말을 들을 때마다 그건 현실과는 맞지 않는 것으로 여겼다. 물질만능주의적 사상에 젖은 생각을 가지고 있었기에 '크게 버리는 사람만이 크게 얻을 수 있다.' 는 무소유의 진리를 이해할 수 없었다.
나는 잃는 것보다는 얻는 것이 훨씬 가치 있는 행동이라고 생각했기 때문에, 이런 진리를 무시하려고 했다. 하지만 지금 이 시점에 와서는 법정 스님의 말씀과 행동에 공감함으로써 무소유의 참된 가치를 깨닫게 되었다.

법정스님께서는 당신과 간디를 자주 비교하신다. 간디는 생전에도 물레와 밥그릇 정도만을 가지고 있을 정도로 무소유의 정신을 실천하신 분이다. 간디는 '소유가 범죄처럼 생각된다.' 라고 할 정도로 소유하는 것을 꺼려했다. 그가 소유를 꺼려한 이유는 소유를 하게 되면 소유 관념이 생겨나서 그의 마음을 흐리게 하기 때문이었을 것이다.

사람이라는 존재는 아무 것도 가지지 않은 채 태어나서 아무 것도 가지지 않은 빈손으로 돌아가게 되어 있다. 소유물에 집착하여 일생을 소유욕의 노예가 되어 사느니, 무소유를 실천함으로써 서로간에 소유의 분쟁이 없이 화목하고 평화로운 세계를 만들어 보는 것이 어떨까.

● **법정스님**

1932년 10월에 태어났으며, 청년시절에 한국전쟁을 겪은 후, 삶과 죽음에 대한 고뇌로 스님으로 입적하게 된다. 힘든 수행 과정을 거치며 깨달음을 얻고, 무소유의 삶을 통해 사람들에게 아름답고 순수한 정신을 설파한다.

● **효봉스님**

일제 강점기에 현직 판사였으며, 일제에 맞서는 동포들을 심판하는 일에 회의를 느끼고 출가한 분으로, 법정스님의 스승이다. '백 가지 지혜가 한 가지 지혜만 못하다'는 말을 남기셨으며, 마음을 비울 것을 강조하셨다.

● **정채봉**

동화 작가로, 생각하는 동화를 주로 창작했으며, 한국의 성인동화 장르를 개척했다. 법정스님을 존경하여 자주 편지를 보내고, 기억하지 않는 법정스님의 생일까지 챙길 정도로 법정스님과 마음으로 깊은 교류를 하신 분이다.

● **군정요원**

민주화 운동에 앞장섰던 법정스님을 감시하기 위해 나타난 인물로, 법정스님의 모든 행동을 감시하다가, 스님의 훌륭한 언행에 감동을 받고 스스로 떠난다.

● **김서방**

법정스님이 강원도 오두막에 생활하고 있을 때, 아랫마을에서 틈날 때마다 올라와 스님을 보살핀 인물이다. 법정스님도 일꾼 김 서방의 한결같은 태도에 감동을 받아 책 속에서 자주 이야기를 하셨다.

● **김영한**

7,000여 평의 대원각을 법정스님에게 시주하여 길상사를 지은 인물로, 북에 있는 백석 시인을 그리워하며 평생을 보낸 분이다.

● **이해인 수녀**

수녀이자 시인이며, 맑고 아름다운 시와 글로 많은 사람들에게 큰 감명을 주고 있다. 법정스님과는 오랜 기간 우정을 나눈 사이로, 법정스님의 죽음을 가장 애통해한 사람들 중 한 분이다.

● **김수환 추기경**

한국 천주교를 대표하는 분이며, 한평생 소외된 사람들을 위해 살다 간 위대한 성직자로, 아시아 최초의 추기경이다. 종교 간의 벽을 허물고 법정스님과 함께 사랑과 평화를 주창한다.

CONTENTS

제1화
청년 박재철 ·········· 16

제2화
혼란의 시대 ·········· 36

제3화
불일암 시절 ·········· 50

제4화
무소유의 행복 ········ 70

제5화
새로운 터전 ·········· 84

제6화
맑고 향기롭게 · · · · · · · · · 102

제7화
아름다운 인연들 · · · · · · · 118

제8화
열린 마음, 열린 종교 · · · · 138

제9화
아름다운 마무리 · · · · · · · 154

제10화
아름다운 이별 · · · · · · · · · 170

약력 법정스님의 생애 · · · 190

2010년 3월 11일,
서울 성북동 길상사

송광사에서의 다비식 역시 고인의 뜻에 따라 조촐하게 치러졌다.

이 날 열반에 드신 분이 바로 길상사를 세우시고 가난한 이웃을 보살피며 사셨던 법정스님이시다.

비단 불자들만이 아니라 많은 사람들에게 존경과 사랑을 받았던 분… '무소유'를 가르치시고, 무소유를 실천하신 분…

제1화
청년 박재철

1955년 겨울, 고향인 전남 해남을 뒤로 하고 한 청년이 기차에 오르고 있었다.

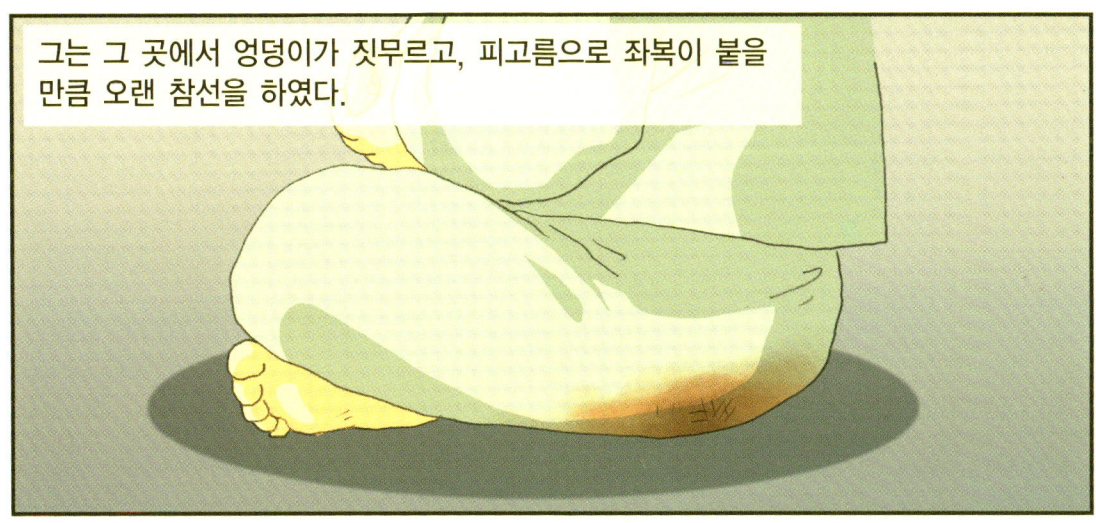

법정은 효봉스님을 따라 통영 미래사로 내려가 행자시절을 보낸다.

그는 하루에 나무 두 짐씩을 해다가 아궁이마다 군불을 지피며 늘 배가 고픈 생활을 해야 했다.

당시 효봉스님의 제자로는 법정 외에도 환속하기 전의 고은 시인, 전 조계종 전국 신도 회장 박완일 법사 등이 있었다.

아무리 부처님의 가르침이 위대하다 할지라도 그것을 알아보지 못한다면 무슨 소용이란 말인가.

큰 충격을 받은 법정은 이때부터 경전을 배우고 익히는 데 열중하기 시작했다.

대체 어떻게 하면 누구나 알아 볼 수 있는 쉬운 말과 글로 옮겨 전할 수 있을까…?

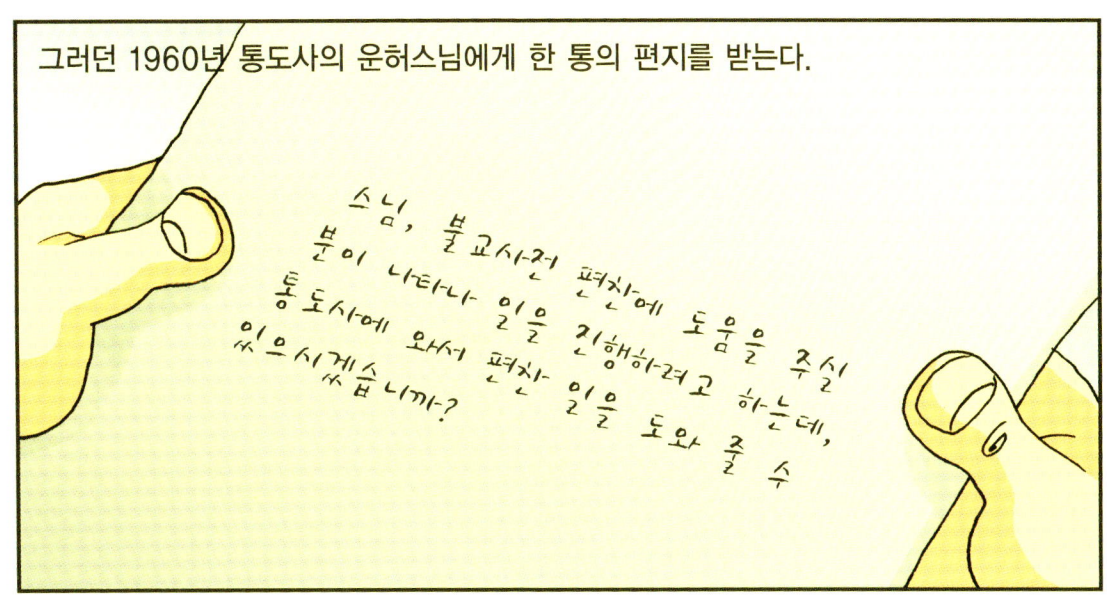

새로운 깨달음을 얻은 법정은 곧 행동으로 옮긴다. 1971년, 함석헌, 장준하 선생 등의 주도 아래 4월19일에 결성된 민주수호국민협의회에 참여한 것이다.

민주 수호 국민 협의회

불교계 인사로는 법정이 유일했다.

이 일 이후 법정은 요주의 인물로 선정되어 정부의 감시를 받게 된다.

당시 지인에게 보낸 짧은 글을 보면 그때의 상황을 잘 알 수 있다.

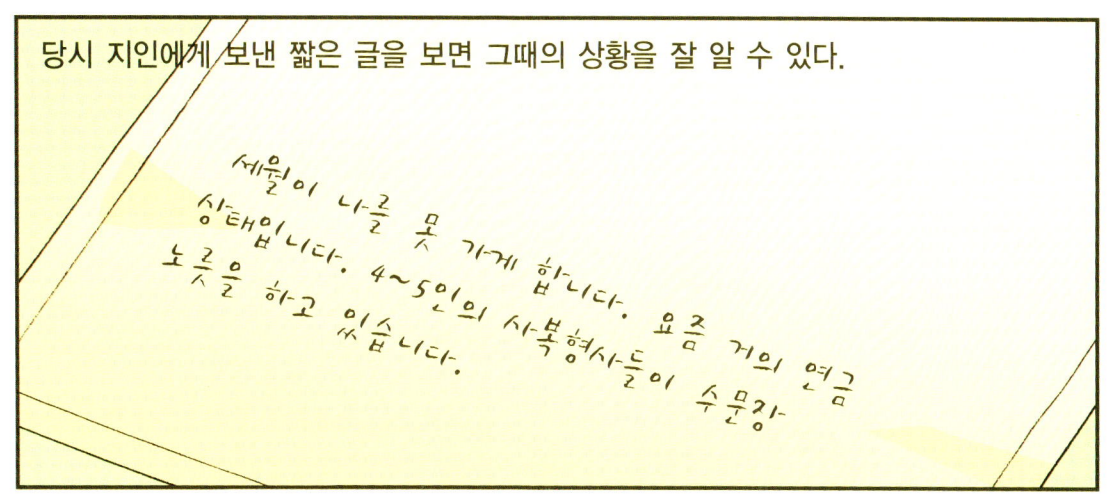

세월이 나를 못 가게 합니다. 요즘 거의 연금 상태입니다. 4~5인의 사복형사들이 수문장 노릇을 하고 있습니다.

그럼에도 불구하고 법정은 외부와의 교류를 계속했다.

여러 종교계 인사 여러분들이 이렇게 한 자리에 모인 것은 민주주의를 거스르는 군사정부에 대해 논의하기 위해서입니다.

잠깐! 저는 우상을 숭배하는 종교인과 한자리에 앉을 수 없습니다!

저런….

노골적으로 법정스님을 가리키는 것이 아닙니까?

싸움이 나는 건 아닌지 모르겠네요.

법정은 결국 속세를 떠나 산으로 돌아간다.

송광사 불일암으로 들어간 법정은 그 후
17년이라는 긴 시간을 그 곳에서 보내게 된다.

이웃에 불이 났을 때 소방관이고
누구고 할 것 없이 모두 나와서
급히 불을 꺼야한다.
하지만 일단 불이 잡힌 뒤에는
각자 원위치로 돌아가 자신에게
주어진 삶의 몫을 다해야 한다.

그렇다고 법정이 외부와 완전히 인연을 끊고 칩거만 한 것은 아니었다.

민주화운동에 앞장서고, 타 종교인과도 소통했을 만큼 진취적인 삼사십대를 보낸 법정이었다.

그는 또 다른 방법으로 속세와의 새로운 교류를 시작했다.

제3화
불일암 시절

송광사 뒷산에 있던 불일암은 법정이 갔을 때 집터만 남아있는 폐허였다.

법정은 이곳을 재건해 홀로 살며 본격적으로 글을 쓰기 시작했다. 글로써 세상과의 소통을 시작한 것이다.

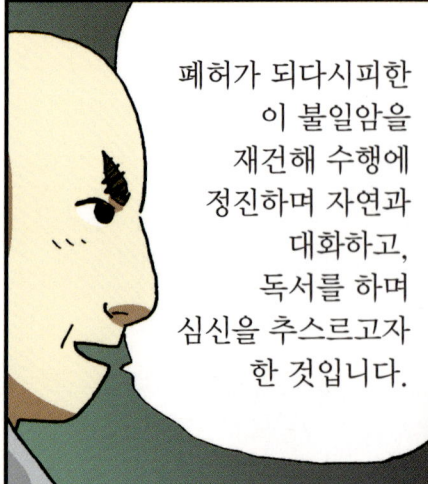

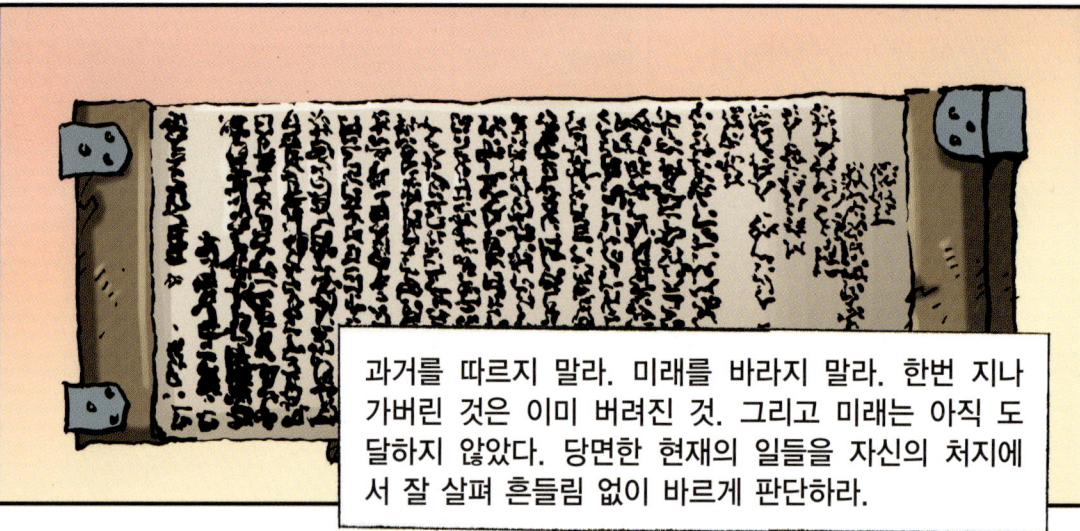

제4화
무소유의 행복

무소유란 아무것도 갖지 않는다는 것이 아니다.
궁색한 빈털터리가 되는 것이 아니다.
무소유란 아무것도 갖지 않는 것이 아니라
불필요한 것을 갖지 않는다는 뜻이다.
무소유의 진정한 의미를 이해할 때
우리는 보다 홀가분한 삶을 이룰 수가 있다.

'선택한 가난은 가난이 아니다'라는 청빈의 도를 실천하며 '무소유'의 참된 가치를 알린 책 〈무소유〉는 많은 사람들에게 감동을 주었다.

아! 정말 감동적인 책이야.

나도 감동 받았어. 법정스님에 대해 더 알고 싶어지기도 했고.

제4화 무소유의 행복

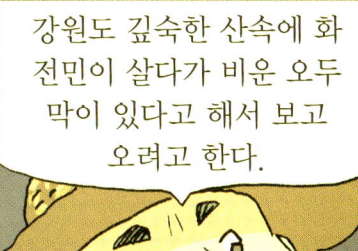

계는 어떻게 살겠다는 다짐이요 맹세다. 삶의 질서이자 청정한 생활규범인 것이다.

제6화
맑고 향기롭게

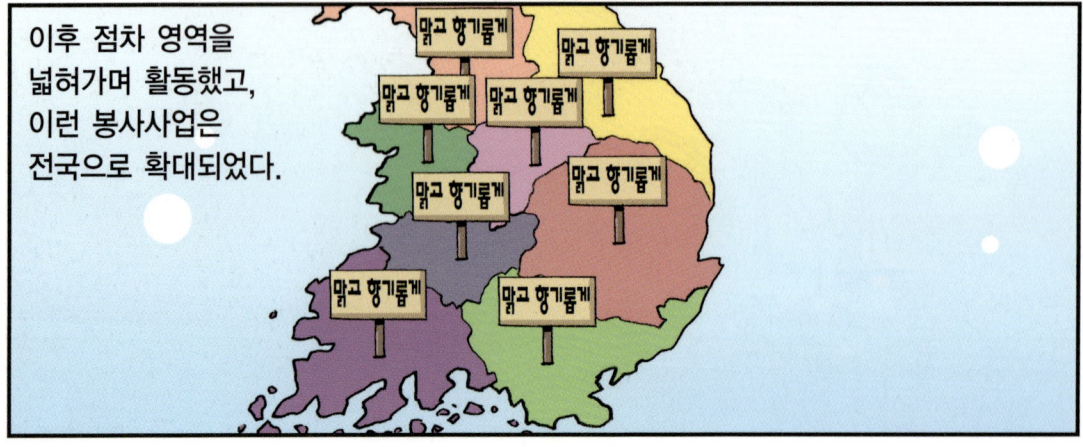

제7화
아름다운 인연들

'맑고 향기롭게'는 법정의 뜻에 따라 만들어져 각종 봉사와 나눔 운동을 펼쳤다.

'맑음'은 개인의 청정을

'향기로움'은 그 청정의 사회적 메아리를 뜻합니다.

이런 아름다운 활동에 감동해 동참하려는 사람들도 점점 늘어났다.

그 중 특별히 법정의 눈에 띈 편지가 있었다.

부산에서 보낸 것이군.

모든 사람들은 다 행복한데, 나만 그렇지 못하다고 생각해 왔습니다. 그러나 이 시간만은 무척 행복하고 즐거운 마음입니다.
스님, 저도 보시라는 것에 동참하고 싶었는데 이제야 그 뜻을 이루게 되었습니다. 21개월 전에 계를 하나 들어 오늘 탔습니다. 돈이란 보면 쓸 곳도 많지만 절약이 얼마나 좋은 건지 오늘에야 알게 되었습니다.
부처님과의 약속이었고, 저 자신과 한 약속을 지키게 되어 무척 기쁩니다. 저희 집 두 남매는 공부는 못하지만 세상을 살아갈 때 늘 꿋꿋하고 즐거운 마음으로 살아갈 수 있도록 빌고 있습니다.

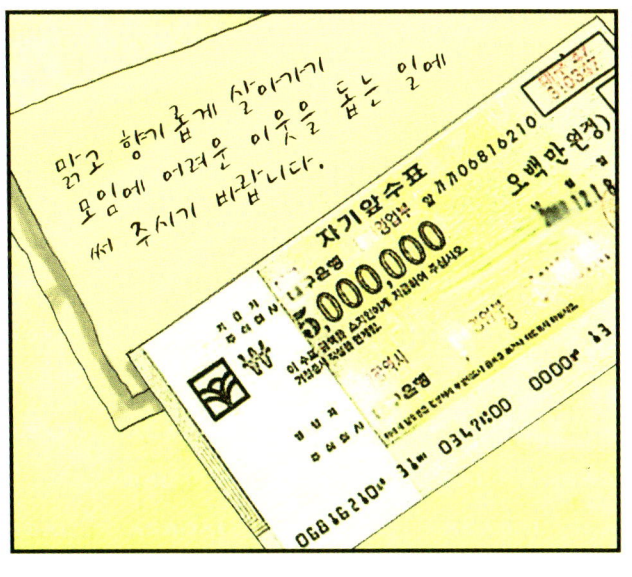

나무아미타불.

사람에게 시달리고 상처받은 마음은 사람에 의해 치유되었다.

세상은 이렇다. 한 쪽은 흙의 은혜마저 저버린 탐욕스럽고 배은망덕한 손이 있는가 하면, 넉넉잖은 살림에 푼푼이 모은 돈으로 어려운 이웃에게 따뜻한 가슴을 여는 은혜의 손길이 있다. 우리 이웃에 이런 손길이 있어 밝은 해는 오늘도 이 땅에 뜬다.

'맑고 향기롭게 살아가기' 운동을 시작하고 나서 법정이 하는 일에 힘을 보태고 성원하는 사람들은 점점 늘어갔다.

그것이 이 운동이 전국적으로 확산되게 한 힘이었다.

가난 때문에 기생이 되었고, 우리나라 대표적인 근대시인인 백석의 연인으로 유명한 여인이었다.

하지만 그녀가 더욱 유명했던것은 60~70년대 우리나라 3대 고급 요정 중의 하나인 대원각의 여주인이라는 것이었다.

제7화 아름다운 인연들

1997년 12월 14일, 길상사의 문이 열렸다.

성북동 북악스카이웨이 아래쪽에 위치한 길상사는 조계종 사찰이자 도심 속의 조용한 안식처로 자리잡았다.

제7화 아름다운 인연들

80년 대 말까지 삼청각, 청운각과 함께 3대 요정으로 꼽히며 밀실 정치에 이용되던 곳.

매일 풍악이 울리고, 술과 고기냄새가 진동하던 곳, 인간들의 탐욕으로 넘쳐나던 곳

그 곳이 법정에 의해 아름다운 사찰로 변신했다.

그럼에도 불구하고 두 분은 격동의 한국사를 살아오며 많은 부분에서 교감하고, 각별한 인연을 쌓았다.

길상사 개원식 참석과 명동성당 강연이 바로 그 인연의 아름다운 결과인 것이다.

고 김수환 추기경은 또 법정의 애독자이기도 했다.

아무리 무소유를 말해도 이 책만큼은 소유하고 싶다.

제8화 열린마음, 열린 종교 143

이런 김수환 추기경의 선종 소식은 법정에게 큰 충격이고, 슬픔이었다.

가슴이 먹먹하고 망연자실해졌습니다.

법정은 자신의 마음을 추모사에서 이렇게 적고 있다.

지금 김수환 추기경님은 우리 곁을 떠나셨지만 우리들 마음속에서는 오래도록 살아 계실 것이다. 위대한 존재는 결코 사라지지 않는다. 하느님을 말하는 이가 있고, 하느님을 느끼게 하는 이가 있다. 하느님에 대해 한마디도 하지 않지만, 그 존재로써 지금 우리가 하느님과 함께 있음을 영혼으로 감지하는 이가 있다.
우리는 지금 그러한 이를 잃은 슬픔에 젖어 있다. 그 빈자리가 너무 크다.

'무소유의 삶'에서 진정한 평안과 기쁨을 누렸던 법정과 추기경.

우리는 서로를 한 눈에 알아보았지요.

진정한 친구가 된 것입니다.

이 두 분의 우정은 오랜 세월 계속 되어 온 불교와 기독교의 뿌리 깊은 반목에 쐐기를 박았다.

이런 법정의 정신은 길상사에도 고스란히 묻어 있다. 2000년 4월 28일, 길상사 마당에 관음보살상이 선을 보였다.

아무도 모르던 법정의 은신처에 찾아 온 것은 일꾼 김서방이었다.

이런 김서방이었기에 법정이 걱정이 되어 눈을 헤치고 온 것이다.

감자와 옥수수를 좀 가져왔습니다.

저런, 아직 먹을 것이 남았는데….

그런데, 스님! 시인 정채봉님과는 각별하시다고 하셨었지요?

그랬지.

이 말씀을 드려야 하는지 고민했는데요. 어제 저녁에 정채봉 시인이 돌아가셨다는 뉴스가 나왔습니다.

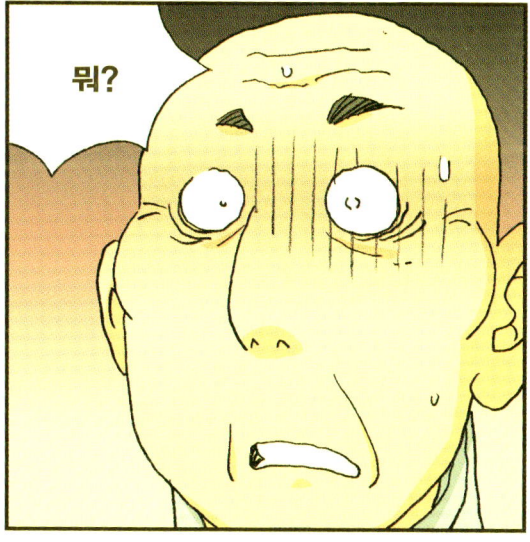

뭐?

정채봉은 한국의 성인 동화 장르를 개척한 작가다.

출판사 샘터의 직원으로 법정과 만나 35년이 넘도록 가깝게 지냈던, 법정에겐 혈육이나 마찬가지인 사람이다.

98년, 간암 선고를 받고도 투병을 하며 꿋꿋이 창작 활동을 했었다.

그러나 할머니께서는 제 손으로 월급을 받아오기 훨씬 전에 저쪽 별로 떠나시고 말았습니다. 제가 첫 월급을 타던 날 누군가 곁에서 어머님 내복을 사 드리라고 했습니다. 그러나 저한테는 내의를 사드릴 어머님도, 할머님도 계시지 않았습니다. 그것은 울음으로도 풀 수 없는 외로움이었습니다. 스님의 생신에(제가 잘못 알고 있을지도 모릅니다) 무엇을 살까 생각하다가 내의를 사게 된 것은 언젠가 그 울음으로도 풀 수 없는 외로움이 생각났기 때문입니다.
제 마음을 짚어주시리라 믿습니다. 스님께서는 제 혼의 양식을 대주신 분이기도 하니까요.
다시 한 번 축하 올립니다.

법정은 봄볕이 든 앞마루에 앉아 이 편지를 두 번 읽었다.

사실 법정이 죽음에 대해 진지한 생각을 하게 된 것은 이미 오래전의 일이었다.

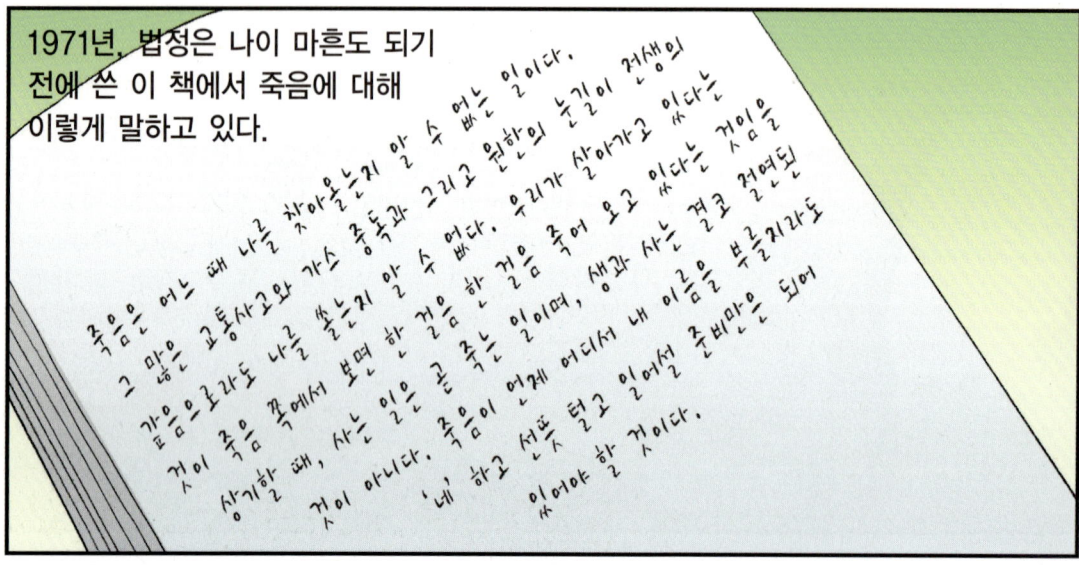

1971년, 법정은 나이 마흔도 되기 전에 쓴 이 책에서 죽음에 대해 이렇게 말하고 있다.

이젠 죽음이 현실처럼 다가오자 법정은 좀 더 구체적으로 죽음에 대해 이야기 했다.

나는 이곳에 와 지내면서 새삼스레 죽음에 대해서 가끔 생각합니다. 죽음은 삶과 무관한 일이 아닙니다. 우리가 산다는 것은 어떤 의미에서 연소요, 소모이므로, 순간순간 죽어가는 일이기도 합니다. 그렇지만 죽음이란 삶의 끝이 아니라 다음 생의 시작이라고 확신하고 있습니다.

죽음을 생각하면서도 법정은 잠시도 쉬지 않았다.

밭을 갈고, 빨래를 하고, 다림질하는 이런 허드렛일이 곧 마음을 닦는 수행이고, 중 노릇이라고 생각했기 때문이다.

두 달에 한번 길상사에 내려와 법문을 열고 '맑고 향기롭게'를 통해 세상 돌아가는 것도 보았다.

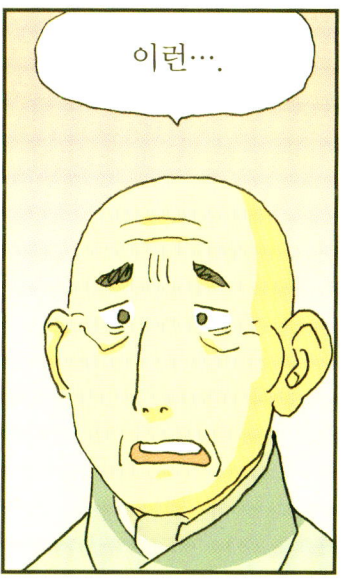

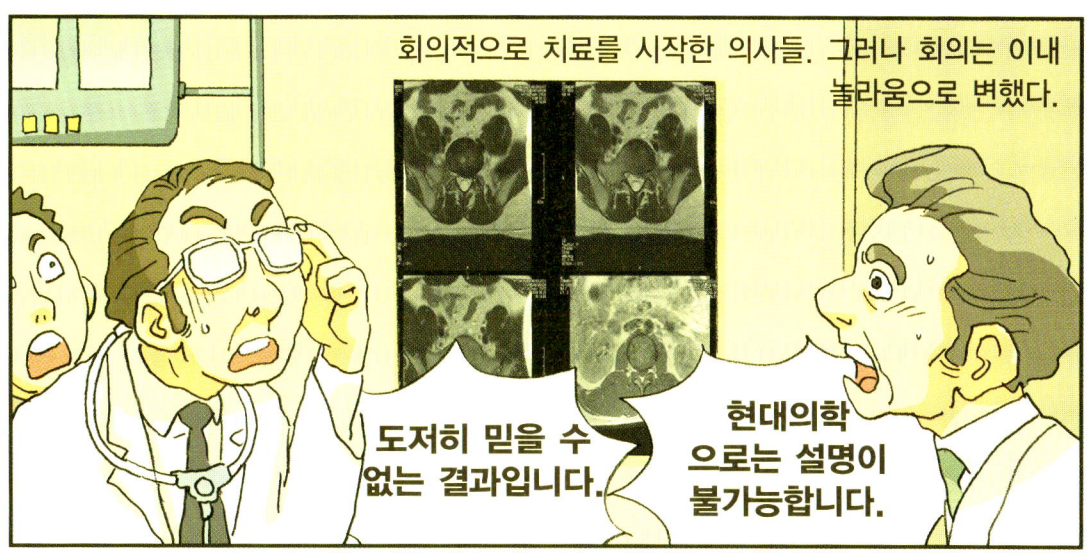

저런, 내가 한 발 늦었구나. 미안하다.

법정은 이 곳에서 아름다운 마무리를 생각한다.

그때그때 바로 그 자리에서 내 자신이 해야 할 도리와 의무와 책임을 다하는 것이 아름다운 마무리다. 아름다운 마무리는 삶에 대해 감사하게 여기는 것이다. 내가 걸어온 길 말고는 나에게 다른 길이 없었음을 깨닫고 그 길이 나를 성장시켜 주었음을 믿는다. 자신에게 일어난 일과 모든 과정의 의미를 이해하고 나에게 성장의 기회를 준 삶에 대해 감사하는 것이 아름다운 마무리다.

법정은 2009년 5월 말, 자신의 법문집 [일기일회]를 출판했다.

법정은 종교를 초월해 모든 이들에게 진정한 삶의 길을 제시해 왔다.

[일기일회]는 그 동안 법정이 법문한 말을 최초로 엮은 책이다.

살아있는 화두를 지녀야 합니다. 죽은 화두를 지니고 있으면 아무 의미가 없습니다. 우리가 이미 관념적으로 알고 있는 것은 살아 있는 화두가 아닙니다. 순간순간 깨어 있는 사람은 바로 그때 그 자리에서 삶의 문제이자 과제인 화두와 맞닥뜨릴 수 있습니다. 이것이 살아있는 화두입니다.

2010년 3월 10일, 병원에서 투병 중이던 법정이 길상사로 옮겨졌다.

마지막 가는 길이란 것을 안 듯 법정은 주위 사람들에게 다시 한 번 당부의 말을 했다.

수의를 입히지 말고 내가 평소에 입던 승복 그대로, 강원도에 있는 내 평상위에 눕혀 조용히 화장하거라. 사리 줍는다고 뒤적거리지 말고,

나의 죽음과 관련된 어떤 행사도 하지 말거라. 아울러 내가 쓴 책들은 모두 더 이상 출판하지 말도록 해라.

제10화 아름다운 이별

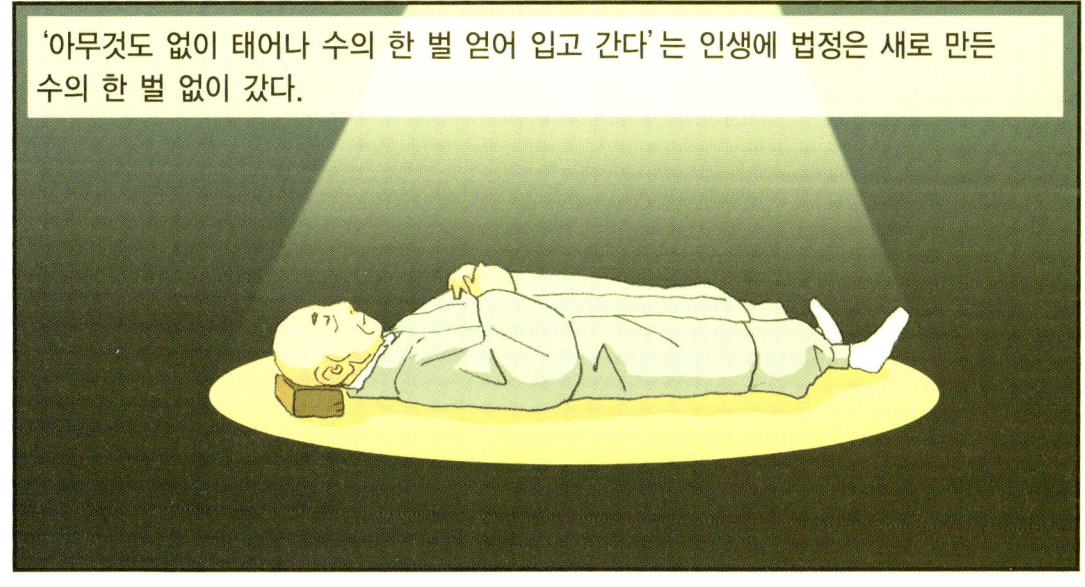

'무소유' 그 자체였던 법정이 가는 길은 그의 뜻대로 소박하고 초라하기까지 했다.

하지만 그의 마지막 길엔 수없이 많은 사람들이 배웅을 나왔다.

법정과 이해인 수녀는 엽서나 편지로 오랜 기간 우정을 나눈 사이였다.

때로는 다정한 삼촌처럼, 때로는 엄격한 오라버님처럼 늘 제 곁에 가까이 계셨던 스님. 감정을 절제해야 하는 수행자이지만 이별의 인간적인 슬픔은 감당이 잘 안 되네요. 어떤 말로도 마음의 빛깔을 표현하기 힘드네요.

법정과 마찬가지로 암 투병 중이었던 이해인 수녀도 법정의 입적 소식을 듣고 큰 충격과 슬픔에 빠졌다.

제10화 아름다운 이별

속명 박재철이란 이름으로 손이 귀한 집 외아들로 태어난 법정.

1955년 한국 전쟁 때 한창 감수성이 예민했던 법정은 동족상잔의 비극을 견디지 못하고 고뇌와 방황을 하게 된다.

그런 그가 찾은 탈출구는 바로 '출가'였다.

하지만 그에게 '출가'는 안일한 도피처가 아니었다.

그는 한국 불교계의 비리 척결과 근대화를 위해 일을 했고, 결실을 보기도 했다.

그의 행동하는 양심은 종교계에 머물러 있지 않고, 한국 사회의 현실참여로 이어졌다.

1975년 인혁당 사건으로 젊은이 8명이 사형선고를 받은데 충격을 받고 잠시 현실사회에서 멀어지기도 했다.

수행을 해야 하는 수도사가 누군가를 증오해선 안 된다.

독재자에 대한 증오심을 다스리지 못한다면 나는 더 이상 수행자가 아닌 것이다.

법정은 17년이란 긴 세월을 송광사 불일암에서, 1993년부터는 강원도 산골 오두막에서 홀로 살면서 많은 글을 썼다.

종교와 신분, 그 어느 것도 법정에겐 벽이 되지 않았다.

'나는 누구인가?' '나는 어디로 가고 있는가?'라는 질문에 대한 답을 찾던 청년 박재철. 그는 대답을 찾았을까?

'나는 누구인가?' 하는 근원적인 물음과 매 순간 '나는 어디로 가고 있는가?' 하는 물음에서

아름다운 마무리가 이루어진다. 아름다운 마무리는 내려놓음이다.

법정의 유품은 안경과 그가 썼던 책이 전부였다. 그는 그마저도 모두 두고 '무소유'인 채로 자연의 품으로 돌아갔다.

약력

1932년 10월 8일	전남 해남 출생
1954년 2월	통영 미래사에서 입산 출가
1956년	전남대 상과대 3년 중퇴
1956년 7월 15일	효봉 스님으로부터 사미계 수계
1959년 3월 15일	경남 양산 통도사에서 비구계 수계
1959년 4월 15일	합천 해인사 전문강원에서 대교과 졸업
1960~1961년	'불교사전' 편찬 작업에 동참
1967년	동국역경원 편찬부장 역임
1972년	'영혼의 모음' 출간
1973년	불교신문사 논설위원 활동. 유신 철폐 개헌 서명운동 참여
1975년 10월	인혁당 사건으로 충격을 받고, 송광사 불일암으로 돌아감
1976년	'무소유' 출간
1984~1987년	송광사 수련원 원장 역임
1985년	경전공부 모임 법사
1987~1990년	보조사상연구원 원장

1992년	강원도 산골 오두막으로 거처를 옮기고 수행 정진함
1993년 8월	'맑고 향기롭게 살아가기 운동' 준비위원회 발족
1994년 1월 1일	'맑고 향기롭게 살아가기 운동' 창립
1997년 1월	사단법인 '맑고 향기롭게' 이사장 취임
1997년 12월	길상사 창건
1998년 2월 24일	명동성당 축석 100돌기념 초청 강연
2003년 10월	'맑고 향기롭게' 창립 10주년 기념 강연
2010년 3월 11일	법랍 54세, 세수 78세로 길상사에서 입적